ADOLF HITLER

ADOLF HITLER

- **¿Nacimiento?** El 20 de abril de 1889 en Braunau am Inn (Austria).
- **¿Fallecimiento?** El 30 de abril de 1945 en Berlín (Alemania).
- **¿Hechos determinantes?**
  - Organización del Partido Nacionalsocialista Obrero Alemán (NSDAP).
  - Instauración de un régimen totalitario en Alemania.
  - Desencadenamiento de la Segunda Guerra Mundial (1939-1945).
  - Organización del mayor genocidio del siglo XX.

Adolf Hitler, el personaje más controvertido del siglo XX, encarna en su persona los más espantosos horrores de su tiempo. Pero nada hacía presagiar que este fuera a ser el destino del austríaco. Apasionado por el arte y deseoso de forjarse una carrera en este ámbito, ve como se le cierran en varias ocasiones las puertas de la academia. Entonces se abre en su vida un período sombrío en el que dedica su tiempo a leer obras que radicalizan su pensamiento. Algunos años más tarde llega a Alemania, cuyo poder admira. En 1914, cuando la Primera Guerra Mundial acaba de empezar, se alista en el ejército y demuestra un gran entusiasmo. Es herido durante los combates y en el hospital se entera de la derrota Alemania, que en su opinión se debe a enemigos infiltrados en el país: judíos y comunistas. Cuando Hitler se recupera, descubre una Alemania profundamente humillada por el Tratado de Versalles y sumida en el caos.

ADOLF HITLER

La locura nazi

Por Xavier Leroy
En colaboración con Thomas Jacquemin
Traducido por Laura Bernal Martín

Entonces se afilia al Partido Obrero Alemán, que rápidamente reorganiza, y se convierte en su único líder. Pero su ambición llega aún más lejos: quiere ser el guía de una nueva civilización que salvaguardaría la pureza aria, a riesgo de destruir a otros para lograrlo. A pesar de que su *putsch* (golpe de Estado) de 1923 fracasa, está decidido a coger las riendas del país y se aprovecha del desastroso contexto del momento para ser designado líder de Alemania. Impulsado por sus convicciones, llega a ordenar cometer los peores crímenes de la historia moderna, y no dejará tras de sí más que cenizas y sangre.

BIOGRAFÍA

Retrato de Adolf Hitler de 1933.

LA INFLUENCIA PATERNA

Adolf Hitler nace el 20 de abril de 1889 en Braunau am Inn, un pueblo austríaco cerca de Baviera. Su padre, Alois Hitler (1837-1903) es agente de aduanas y tiene otros dos hijos fruto de un matrimonio anterior. En 1885 se casa en terceras nupcias con una joven prima, Klara Pöllz (1860-1907). La pareja tendrá otros dos hijos además de Adolf: Edmond en 1895 y Paula en 1896.

UN PARENTESCO COMPLEJO

Adolf Hitler habría podido perfectamente no apellidarse así. De hecho, Alois lleva durante mucho tiempo el apellido de su madre, Maria Schicklgruber (1795-1847), ya que la identidad de su padre era desconocida. Cinco años más tarde, esta se casa con un obrero llamado Georg Hiedler (1792-1857). Alois pierde a su madre con solo diez años, y el hermano de Georg, Johann (1808-1888) se hace cargo del niño. En 1876, Johann decide designarle heredero atestiguando que Alois sí era hijo de Georg. Como consecuencia, Alois puede adoptar el apellido de Hiedler, que se transcribe erróneamente y se convierte en Hitler. Aún hoy en día desconocemos si este reconocimiento estuvo motivado por un lazo de parentesco real o simplemente por el hecho de que los hermanos Hiedler no tenían un heredero varón que pudiera perpetuar su apellido. Sea lo que fuere, varios autores señalan con malicia que este reconocimiento favoreció sin duda la carrera de Adolf. De hecho, imagine el espectáculo que habrían ofrecido las multitudes

La infancia de Adolf transcurre de un lado para otro, en función del lugar al que su padre fuera destinado. Este se muestra muy orgulloso de su profesión y del estatus social que le confiere, y desea con todas sus fuerzas que su hijo siga sus pasos. Sin embargo, el joven tiene otros proyectos. En el colegio es considerado un alumno inteligente pero muy perezoso. Solo quiere trabajar en las asignaturas que le interesan, entre las que se encuentra el dibujo. De hecho, piensa seriamente en emprender una carrera artística. Pero su proyecto profesional se da de bruces con la hostilidad de su padre. El vínculo padre-hijo se deteriora rápidamente, y las peleas se vuelven tan frecuentes como violentas. El 3 de enero de 1903, cuando Alois fallece, la relación con su hijo seguía siendo igual de conflictiva.

¿ADOLF HITLER TENÍA ANTEPASADOS JUDÍOS?

Aunque en términos oficiales el abuelo paterno de Adolf Hitler es Georg Hiedler, no hay nada seguro y son muchos los rumores que circulan en torno a la verdadera identidad del amante de Maria Schicklgruber. Entre ellos, varios afirman que el padre de Alois Hitler era judío. En realidad, en el momento de su embarazo, Maria trabajaba como limpiadora en casa de una familia judía de Graz, los Frankenberger, y habría tenido una relación con el hijo mayor de la familia. Sin embargo, todavía no se ha encontrado el rastro de ninguna familia que portara ese apellido en la ciudad austríaca. Otros afirman que Maria habría trabajado en Viena para los Rothschild.

Hitler ordena varias investigaciones secretas sobre este tema, cuando menos espinoso, pero no logran ningún resultado concreto. Desesperado, hace que desaparezca todo rastro de los orígenes de su padre para que nadie descubra la verdad, sea cual pudiera ser.

EL FRACASO ARTÍSTICO

Adolf continúa su recorrido escolar en los colegios de Linz sin demasiada convicción. Es en esta ciudad donde el adolescente cogerá gusto por la lectura de novelas y de libros de historia, así como por la ópera. En 1907, antes de obtener su diploma, convence a su madre para que le deje cursar estudios artísticos en Viena. Alquila un cuarto de estudiante y se inscribe en la Academia de Bellas Artes. Le rechazan en la prueba de admisión y se da cuenta de que en realidad su verdadera pasión es la arquitectura, pero para poderse inscribir en esta escuela necesita poseer un diploma del que carece.

A finales de 1907, a Klara se le diagnostica cáncer de mama y, a pesar de los cuidados, fallece a causa de la enfermedad el 23 de diciembre. A principios del año siguiente, Adolf vuelve a Viena con su amigo August, que se ha inscrito en el conservatorio. En septiembre se vuelve a presentar a la prueba de admisión de la academia, pero vuelve a ser rechazado. Se siente incapaz de confesar su fracaso, por lo que corta cualquier contacto con su entorno y se sumerge en el anonimato de los indigentes. Es un período difícil para el joven Hitler, que sobrevive a duras penas en las calles de Viena: cobra una pensión de orfandad, realiza pequeños trabajos y se beneficia de la generosidad de las instituciones de caridad. Su situación mejora ligeramente a lo largo del año 1910, cuando empieza a pintar postales que luego vende en la calle.

Aunque vive en una situación precaria, Hitler hace todo lo posible para guardar las apariencias y dar la impresión de ser un artista incomprendido en vez de un fracasado. Siempre le apasionó la ópera, por lo que no duda en privarse de alimento para ahorrar lo necesario para asistir a una representación. Durante este período también retoma la lectura y se interesa por la geopolítica y por la historia europea. Siente una gran admiración por el poder alemán, mientras que solo siente desprecio por la despreocupada Austria. Estimulado por sus propios fracasos, comienza a desarrollar un pensamiento político cada vez más radical y se vuelve abiertamente antisemita. En su opinión, los judíos son responsables de todos los problemas de Europa, y también de los suyos.

¿POR QUÉ HITLER SE VUELVE ANTISEMITA?

El origen del antisemitismo de Hitler es la cuestión más espinosa que rodea a este personaje. Para muchos autores, un odio tan fuerte y que pueda llevar al genocidio solo puede estar provocado por un acontecimiento especialmente doloroso que haya implicado a uno o varios judíos. Existen muchas teorías, pero ninguna ha podido ser demostrada. Aunque al menos se ha admitido que la radicalización de Hitler tuvo lugar en Viena, no hay nada que demuestre que esto esté relacionado con un hecho concreto. Más bien al contrario: las investigaciones llevadas a cabo sobre esta cuestión hacen pensar que Hitler mantenía buenas relaciones con los judíos a los que conocía.

Hoy en día, varios autores —partiendo del hecho de que este período en Viena es sobre todo conocido por el testimonio del propio Hitler y que, por tanto, es susceptible de haber sido modificado a su conveniencia— sostienen la teoría de que se habría hecho antisemita por oportunismo político después de la guerra. Esto le permitía tener un enemigo al que denunciar, un culpable al que atribuirle todos los males de Alemania, de la que él se convertiría en el salvador. No hay que olvidar que, en la época, existían numerosas obras que tenían el objetivo de demostrar la supremacía de determinadas razas sobre otras. Además, en el caso de Alemania, el antisemitismo se vio exacerbado por la búsqueda de chivos expiatorios para poder explicar el fracaso y la caída de los imperios alemán y austro-húngaro.

En mayo de 1913, Hitler abandona Viena y se instala en Múnich. Su exilio no solo se debe a su amor por Alemania, sino también al servicio militar austríaco, del que quiere librarse. Sin embargo, a principios del año siguiente, las autoridades austríacas le encuentran y logran reenviarlo a Linz. A continuación pasa un examen médico que le declara no apto para prestar el servicio militar debido a su débil constitución. Ahora Hitler puede volver a Múnich. Una vez allí, se entera de una noticia que supondrá un giro en su vida: el inicio de la Primera Guerra Mundial.

CUATRO AÑOS DE GUERRA

A pesar de que Europa vive en un periodo de paz desde hace muchas décadas, las tensiones no cesan de aumentar en estos inicios del siglo XX, y varias grandes potencias se asocian en alianzas (la Triple Alianza, formada por Alemania, Austria-Hungría e Italia; y la Triple Entente, compuesta por Francia, Gran Bretaña y Rusia). Estas coaliciones se basan en el principio de defensa colectiva: si una nación es atacada, sus aliados le declararán de inmediato la guerra al agresor.

El 28 de junio de 1914, el heredero del Imperio austro-húngaro, el archiduque Francisco Fernando (1863-1914) y su mujer son asesinados por un nacionalista serbio durante una visita en Sarajevo. Austria envía un ultimátum a Serbia, a la que considera cómplice del crimen. Ante el rechazo serbio, el Imperio austro-húngaro le declara la guerra el 28 de julio. Rusia y Francia apoyan a Serbia, por lo que Alemania acude en ayuda de su aliado y les declara la guerra, así como a Bélgica, lo que precipita la intervención británica, garante de la neutralidad belga. Italia elige adoptar una posición neutra, mientras que el Imperio otomano se une a Alemania en los meses posteriores.

Hitler, ferviente partidario de Alemania, obtiene el permiso para alistarse en una unidad bávara, el regimiento List, que alcanza el frente francés en octubre de 1914. Aunque solo ha tenido una formación militar superficial antes de partir al combate, se muestra valiente y entusiasta. No duda en acudir a la ayuda de sus camaradas heridos y conserva la moral alta. De hecho, este comportamiento le llevaría a ser condecorado con la prestigiosa Cruz de Hierro y a ser ascendido al rango de caporal. En octubre de 1918, su unidad sufre un ataque de gas mostaza. Se recupera, pero sufre una ceguera temporal: para él, la guerra ha terminado. Durante su estancia en el hospital se entera de la terrible noticia: Alemania le pide el armisticio a los Aliados.

Fotografía de Hitler y otros soldados alemanes durante la Primera Guerra Mundial.

En Versalles se firma la paz definitiva. El Tratado es una humillación para Alemania: se considera que el país es el único culpable del desencadenamiento del conflicto, debe pagar enormes reparaciones de guerra, se ve privada de todas sus colonias, tiene que entregarle partes de su territorio a los vencedores y ve cómo la dimensión de su ejército es estrictamente limitada.

LA INFILTRACIÓN DEL PARTIDO OBRERO ALEMÁN

A su regreso a Alemania, Hitler descubre un país sumido en el caos. El imperio se ha convertido en una república sin legitimidad. Aprovechando la situación, los comunistas intentan hacerse con el poder a través de las armas. Entonces, el nuevo régimen recurre a los *Freikorps* («cuerpos francos»), unidades de antiguos combatientes que, después de varios meses de verdadera guerra civil, estabilizan el país. Estos acontecimientos consolidan la idea de Hitler de que la derrota alemana se debe al trabajo que desempeñan para minar el país enemigos interiores: los comunistas y los judíos.

Hitler sigue formando parte del ejército y, distinguido por sus conocimientos políticos, se le confía la supervisión de grupúsculos extremistas. Es así como es enviado para infiltrarse en un pequeño partido nacionalista, el Partido Obrero Alemán. Al principio está presente como mero espectador, pero pronto Hitler se hace notar en las reuniones del Partido, hasta el punto de que su líder, Anton Drexler (1884-1942), le pide unirse a él. Hitler acepta, siempre con el acuerdo de sus superiores.

Una vez miembro, cambia completamente la organización

del pequeño partido. Enseguida se convierte en uno de sus dirigentes y, a continuación, en julio de 1921, en su único líder. Entonces dinamiza la comunicación, compra un periódico y rebautiza el partido como Partido Nacionalsocialista Obrero Alemán (NSDAP), que también será llamado Partido Nazi (de la abreviación de la palabra alemana *nationalsozialistisch*). El número de afiliaciones y la credibilidad del movimiento aumentan considerablemente bajo su dirección. El programa que Hitler defiende es simple: hay que tomar el poder, por la fuerza de ser necesario, denunciar el Tratado de Versalles, deshacerse de los judíos y de los comunistas y restaurar el poder alemán.

En enero de 1923, Alemania no puede hacer frente a su deuda y decide dejar de pagar las reparaciones de guerra. Entonces, Francia y Bélgica envían a sus ejércitos para ocupar la región industrial de Renania, lo que sume al país en una grave crisis. La situación no deja de agravarse, por lo que Hitler decide que es el momento de pasar a la acción y da un golpe de Estado en Múnich. Sin embargo, aunque cuenta con el acuerdo del ejército para lograr su fin, ocurre lo contrario: el ejército se vuelve en su contra y los dirigentes nazis son detenidos. En marzo de 1924 son juzgados por traición, pero Hitler y sus secuaces logran enfrentarse solo a una leve pena de prisión en la fortaleza de Landsberg. En su celda, Hitler reflexiona sobre los siguientes pasos de su acción política y comprende que para lograr su objetivo tiene que estar en el lado de la ley. Asimismo, le dicta a uno de sus secuaces, Rudolf Hess (1894-1987), lo que se convertirá en *Mein Kampf* (*Mi lucha*), la referencia ideológica del Partido Nazi. En diciembre de 1925 es puesto en libertad condicional, pero se le prohíbe hablar en público —una prohibición que será levantada en marzo de 1927. Además, en febrero de 1926 el Partido Nazi vuelve a estar autorizado.

LA LLEGADA AL PODER

Hitler es consciente de que no solo debe ganarse a las clases sociales más desfavorecidas, sino también a la clase media y a algunas eminencias de la industria y de las finanzas. Por ello, decide mostrarse menos violento y suavizar su discurso político. No obstante, aunque el número de afiliados al Partido Nazi crece, los resultados de las elecciones de 1928 son bastante modestos. Y por un motivo: la situación del país ha mejorado y eso hace que el pueblo esté menos inclinado a sumarse a su política. Pero esta situación cambia en 1929, cuando el crac bursátil (Crac del 29) afecta de lleno a una Alemania que ve cómo su economía se desmorona y cuya tasa de desempleo se dispara. Los partidos tradicionales no logran encontrar una solución a la crisis, y los electores se decantan por partidos que proponen soluciones más radicales. De esta forma, en septiembre de 1930 los nazis obtienen el 18% de los votos en las elecciones legislativas.

Reunión del NSDAP en la que participó Hitler en 1930.

Dos años más tarde, Hitler anuncia que se presenta candidato a las elecciones presidenciales, que finalmente gana el mariscal Hindenburg (1847-1934). En julio, su partido se convierte en el primero del país con un 37% de los votos, aunque experimenta un retroceso a finales de año. Franz von Papen (1879-1969), miembro del Partido Católico, le propone sin embargo formar parte del gobierno de coalición que está a punto de establecer. Hitler acepta con la condición de obtener el título de canciller, lo que se le concede.

Tras el incendio del Reichstag (el Parlamento alemán) y con el pretexto de que se trata de un intento de golpe de Estado por parte de los comunistas, Hitler logra obtener el gobierno por decreto y aprovecha la ocasión para instaurar una serie de leyes que le permitirán lograr su proyecto. El 23 de marzo recibe plenos poderes y, en julio, hace que el NSDAP sea el único partido autorizado. El 2 de agosto, tras la muerte del presidente Hindenburg, Hitler instaura el Tercer Reich. Para evitar cualquier revuelta, pone en marcha una terrible represión y dota al Estado de un sistema de adoctrinamiento. Aunque la segunda medida se aplica a todos los alemanes con el fin de que le sean fieles y acepten la ideología nazi, la primera concierne sobre todo a aquellos susceptibles de sublevarse contra el nuevo régimen, así como a los que, en su opinión, suponen un freno a la purificación de la raza aria. De esta forma, se crean los primeros campos de concentración.

LOS INICIOS DE LA GUERRA

A continuación, Hitler comienza con una política expansionista cuyo objetivo es hacerse con un espacio vital necesario para que Alemania pueda desarrollarse. También en este punto cosecha éxito: logra principalmente retomar el Sarre, ordena a su ejército que ocupe Renania y se anexiona los Sudetes. Las potencias aliadas no reaccionan y Hitler está convencido de que ahora puede atacar Polonia. Está decidido a llegar a la Prusia oriental, por lo que le pide a Polonia la autorización de pasar por su país, pero este lo rechaza. Entonces, Hitler ordena su conquista el 1 de septiembre de 1939. Los Aliados no pueden aceptar tal afrenta, y le piden a Hitler que retire sus tropas. Sin embargo, este continúa con la invasión. El 3 de septiembre, Francia y Gran Bretaña le declaran la guerra.

Los combates comienzan el mes de abril de 1940 en Noruega

y en Dinamarca, que caen rápidamente en manos de Hitler. Al siguiente mes, este decide atacar directamente a Francia después de pasar por Bélgica, que también cae en sus manos, lo mismo que sucede con los Países Bajos y con Luxemburgo. En apenas unos días, la Werhmacht (nombre otorgado al ejército alemán del Tercer Reich) logra dañar las fuerzas aliadas: ahora Francia se encuentra sola. Para evitar una invasión total, el mariscal Pétain (1856-1951) pide un armisticio, que se firma el 20 de mayo.

¿ERA HITLER UN VERDADERO ESTRATEGA O UN SIMPLE AFICIONADO?

Con la derrota francesa, Hitler borra para siempre la humillación del Tratado de Versalles y reafirma plenamente su papel de líder de guerra. Sin embargo, ¿qué papel desempeña en este éxito y, en general, cuáles son sus capacidades reales en el ámbito de la estrategia militar? Está claro que Hitler no es un estratega profesional. Aunque tiene una excelente experiencia en el combate, nunca ha ocupado puestos de responsabilidad en el ejército ni ha recibido formación por parte del Estado Mayor. Los conocimientos adquiridos sobre el tema se los debe a sí mismo. Esto no impide que, cuando llega en el poder, se autoproclame líder de los ejércitos y exija que las decisiones estratégicas se lleven a cabo bajo su dirección. Sin embargo, a pesar de no ser profesional, no es el demente incompetente que describen los relatos de algunos generales después de la guerra. Su inteligencia, su memoria y sus conocimientos técnicos le permiten comprender correctamente la situación.

Aunque no es el autor de los planes que garantizan la victoria de sus ejércitos durante los primeros años del conflicto, tiene la intuición de seguir los consejos de los generales más competentes, y ello pese a las dudas de muchos escépticos.

Sin embargo, este trabajo más o menos inteligente no dura mucho. El fracaso de la toma de Moscú en diciembre de 1941 oscurece su relación con los generales. Hitler se vuelve más y más intransigente, despectivo y desconfiado, y tolera cada vez menos las críticas de los que le reprochan que solo escuche los consejos que juegan a su favor. Entonces, comienza a tomar decisiones importantes sin pedir la opinión de oficiales competentes, y los que intentan hacer valer el sentido común se enfrentan a terribles crisis de rabia e incluso se arriesgan a ser expulsados de sus puestos. Al final del conflicto, las divergencias entre un Hitler ajeno a la realidad y los oficiales más lúcidos que comprenden que la guerra está perdida se hacen insalvables.

UNA GUERRA TOTAL

Con una Francia derrotada, Hitler planea atacar a la Rusia soviética, a la que considera el enemigo natural de Alemania. La ofensiva comienza el 22 de junio de 1941 y al principio es un éxito, aunque dura más de lo previsto. Sin embargo, Hitler no ha querido proveer a sus tropas de ropa de abrigo para el invierno, por lo que los soldados se ven rápidamente paralizados por el frío.

Mientras tanto, el 7 de diciembre de 1941, Japón decide aprovechar el explosivo contexto europeo para atacar la flota americana establecida en Pearl Harbor, lo que marca la entrada en guerra de los Estados Unidos. Algunos días después, Hitler también le declara la guerra al país americano.

Consciente de que debe vencer a la URSS antes de que el esfuerzo de guerra americano se haga sentir, Hitler lanza una gran ofensiva en el Cáucaso y en Stalingrado para hacerse con los campos petrolíferos y para destruir el máximo exponente industrial que lleva el nombre del líder soviético, Stalin (1878-1953). Aunque parece que todo marcha sobre ruedas para el Führer, la situación acaba empeorando cuando las tropas soviéticas contraatacan y aniquilan al ejército alemán apostado en Stalingrado. La situación también es catastrófica en África, donde los ingleses han logrado frenar a las tropas alemanas. Los soldados se ven obligados a abandonar sus posiciones.

LA DERROTA Y EL FIN DE HITLER

A principios de 1944, la situación militar de Alemania es realmente crítica. La Wehrmacht no deja de retroceder y los Aliados ponen en marcha toda una serie de misiones cuyo objetivo es recuperar el terreno inicialmente perdido. Europa es liberada poco a poco y, a finales de año, los Aliados están a las puertas del Reich. Mientras que Hitler quiere continuar con las hostilidades hasta el final, algunos oficiales, conscientes de que el plan del Führer conduce a la derrota total, intentan asesinarlo para negociar con los Aliados, en vano.

A lo largo de su carrera política, Hitler se ha ganado muchos enemigos, pero los intentos de asesinato cometidos contra su persona son poco numerosos. El primero tiene lugar el 8 de noviembre de 1939. Como cada año, Hitler celebra el aniversario de su *putsch* de 1923 en una cervecería de Múnich, pero se queda menos tiempo de lo normal. Poco después de su salida, una bomba explota y hace que una parte de la sala se derrumbe. La policía encuentra enseguida al culpable, un humilde obrero llamado Georg Esler que afirma haber actuado solo.

Las otras tentativas serán llevadas a cabo por militares. En el seno del ejército alemán, algunos oficiales se dan cuenta rápidamente del peligro que representa Hitler, pero las victorias que engrana hasta 1941 les disuaden de pasar a la acción. Las cosas cambian a partir de 1942, cuando la victoria parece cada vez menos segura y los crímenes del régimen son evidentes. Sin embargo, hasta marzo de 1943 no se pondrán manos a la obra. El día 13, Hitler llega en avión al frente ruso. Un oficial ha colocado de antemano una bomba, pero esta no explota. El día 20, Hitler efectúa una visita en Berlín en la que otro oficial tiene previsto cometer un atentado suicida. Sin embargo, el Führer acorta su visita y el plan fracasa. El último intento tiene lugar el 20 de julio de 1944. El coronel von Stauffenberg introduce un maletín con explosivos en la sala de reuniones del cuartel general de Hitler en la Prusia oriental. Aunque en esta ocasión la bomba sí explota, Hitler sobrevive al ataque, y todos los conspiradores son detenidos y ejecutados.

En diciembre de 1944, Hitler intenta el todo por el todo y lanza una nueva ofensiva en las Ardenas, pero esta se salda con un nuevo fracaso. Su imperio agoniza. Por mucho que brame contra sus generales y que ordene que la resistencia continúe, ya nada puede impedir que los Aliados invadan su país. En abril de 1945, la guerra se acerca a su fin. Hitler se encierra en su búnker, en Berlín, donde confía resistir hasta el final. Los soviéticos rodean la ciudad, que sitian poco a poco. Hitler se niega a que lo capturen vivo y se suicida de un disparo con un revólver el 30 de abril de 1945. Su sucesor, el almirante Karl Dönitz (1891-1980), tiene que capitular el 8 de mayo.

¿QUÉ HA OCURRIDO CON EL CUERPO DE HITLER?

Era deseo de Hitler que su cuerpo no cayera en manos de sus enemigos, por lo que los alemanes sacan su cuerpo del búnker, lo queman y lo entierran en el cráter de una bomba. Sin embargo, los soviéticos logran encontrar los restos del Führer, que trasladan en secreto a la URSS para que sean identificados. Las circunstancias exactas de la muerte de Hitler no se harán públicas hasta después de la muerte de Stalin y la liberación por parte de los soviéticos de los últimos prisioneros de guerra alemanes. Su cráneo sería conservado en los archivos del Kremlin.

CONTEXTO

DE UNA GUERRA A OTRA: EL HUMILLANTE TRATADO DE VERSALLES

A partir del verano de 1918, la situación de Alemania es insostenible. Tanto soldados como civiles están desmoralizados, y el país es presa de la hambruna y de las huelgas. A principios de otoño, los ejércitos aliados lanzan una ofensiva general que hace que el ejército alemán se desmorone. Ante la imposibilidad de reestablecer la situación, los generales convencen al emperador Guillermo II (1859-1941) para que pida la paz a los Aliados antes de que estos franqueen las fronteras alemanas. Los oficiales obtienen el acuerdo imperial y son enviados a negociar un cese de los combates con los representantes de la Entente, que aceptan frenar temporalmente a sus ejércitos. A continuación se suceden conversaciones sobre la firma de un tratado de paz, en las que los Aliados le comunican a Alemania que las condiciones a las que deberá someterse serán muy duras.

Mientras tanto, en Berlín, el káiser abdica y el imperio se convierte en una república dominada por los socialistas. Cuando el Estado Mayor alemán se entera del contenido de las condiciones de paz, se niega a asumir la responsabilidad de iniciar de las negociaciones, lo que obliga a que los representantes políticos tomen el relevo. También hace desfilar por Berlín a los soldados que regresan del frente para que la población tenga la impresión de que el ejército todavía es capaz de luchar, de que esta humillante paz se hace sin su consentimiento y de que ha sido traicionado por enemigos internos. Muchos alemanes se lo creerán, entre ellos el soldado Hitler, que lo convertirá en el mito fundador de su movimiento político.

Las tropas alemanas regresan a Berlín.

UN PODER EN ASCENSO

Tras la firma del Tratado de Versalles, el 28 de junio de 1919, la situación no deja de empeorar en Alemania. Tras la ocupación de la región industrial de Renania por parte de Francia y de Bélgica, la economía alemana sufre una inflación incontrolable. En ese momento, Hitler ve la ocasión de dar un golpe de Estado en Múnich, pero este fracasa. Es encarcelado durante varios meses y desarrolla una nueva estrategia.

Es puesto en libertad en 1925, fecha en la que comienza a aplicar sus planes. Para guardar las apariencias, suaviza los aspectos más radicales de su programa con el fin de mostrarse como un líder respetable, y extiende el Partido Nazi por todo el país. Pero estos esfuerzos no se ven recompensados con grandes resultados: aunque el Partido Nazi sigue creciendo, esto no se refleja en los resultados electorales, donde se estanca debido a que la economía alemana ha logrado reestablecerse en algunos años, gracias sobre todo a las inversiones americanas.

Durante este período surgen y se desarrollan dos de los organismos más importantes del nazismo:

- las Schutzstaffel («escuadras de protección»), más conocidas por su abreviatura como las SS, se crean en abril de 1925 y están encabezadas por Heinrich Himmler (1900-1945). Son unidades de élite y el reclutamiento se realiza mediante una estricta selección racial e ideológica, destinada en sus inicios a garantizar la protección personal de Hitler. En 1933, cuando este llega al poder, el poder de las SS no deja de aumentar. A ellas les corresponde organizar los campos de concentración a los que se deportan a todos los enemigos del nuevo régimen. Con la llegada de la Segunda Guerra Mundial, desarrollan un brazo armado, la Waffen-SS, y obtienen el control de la mano de obra forzada procedente de los países ocupados. Al final del conflicto, las SS se han convertido en un verdadero Estado dentro del Estado;
- El Sicherheitsdienst («servicio de seguridad»), más conocido por su abreviatura SD. En mayo de 1931, Himmler

conoce a un joven que acaba de afiliarse al Partido Nazi, Reinhard Heydrich (antiguo miembro de la marina de guerra expulsado por mal comportamiento, 1904-1942), al que le confía la creación de un servicio de inteligencia nazi. Este último se pone rápidamente manos a la obra y el SD se crea en julio de 1932. Sus misiones consisten en desenmascarar a espías infiltrados en el Partido Nazi, y en recabar información sobre los enemigos políticos del partido.

La situación económica de Alemania empeora de nuevo en 1929, como consecuencia del crac bursátil de Wall Street. A partir de los inicios del año siguiente, las quiebras se suceden y el desempleo alcanza máximos sin precedentes. En este contexto de caos, Hitler logra ganarse el favor de muchos electores y, en las elecciones de julio de 1932, su partido se convierte en el primero del país, con un 37% de los votos. A pesar de ello, el camino hacia el poder sigue estando lleno de obstáculos. La situación empeora a finales de año, cuando el partido retrocede en las elecciones de noviembre y algunos apoyos financieros se retiran. Pero la situación vuelve a inclinarse a su favor cuando un miembro del Partido Católico, Franz von Papen, emprende negociaciones con él y con otros pequeños partidos nacionalistas para formar un gobierno de coalición. Hitler acepta formar parte del mismo con la condición de que se le entregue el puesto de canciller. El presidente Hindenburg da su consentimiento y le pide a Hitler formar gobierno.

MOMENTOS CLAVE

EL MODELO FASCISTA Y LA DEFINICIÓN DE NAZISMO

Cuando Hitler decide reorganizar el antiguo Partido Obrero Alemán, se inspira en gran medida en un jefe de Estado contemporáneo, Benito Mussolini (1883-1945). Este, un antiguo periodista socialista, funda en 1919 un partido extremista, el Partido Nacional Fascista italiano. Imitándolo, Hitler da forma a la identidad del NSDAP. Le da un símbolo, la cruz gamada (símbolo utilizado por las tribus germánicas, con miles de años de antigüedad) e instaura el saludo fascista (inspirado en el saludo romano).

Tropas de las SA desfilando ante Hitler en 1932.

Como el Partido Nacional Fascista italiano con los camisas negras, Hitler crea una milicia política, las SA (Sturmabteilung, «sección de asalto»), también conocida como los camisas pardas por el color de su uniforme. Esta milicia está destinada a proteger las reuniones organizadas por el Partido y a entorpecer las de sus adversarios políticos. A semejanza de Mussolini, Hitler no duda en recurrir a la violencia, sobre todo contra los comunistas, lo que provoca numerosas batallas callejeras.

Futuras importantes figuras del nazismo se unen al movimiento cuando se está formando el NSDAP: Ernst Röhm (1887-1934), capitán del ejército alemán y líder de un cuerpo franco; Hermann Goering (1893-1946), antiguo as de la aviación alemana; Rudolf Hess, estudiante de política; Josef Goebbels (1897-1945), periodista, y Heinrich Himmler, agricultor.

Después del fallido golpe de Estado, Hitler es encarcelado y decide dedicarse durante su cautiverio a desarrollar su programa político, descrito en su libro *Mein Kampf*. El texto, que es a la vez un relato autobiográfico y una explicación detallada de sus objetivos, aborda los principales aspectos de la filosofía política de Hitler:

- el pangermanismo. Se trata de un proyecto que tiene por objetivo unificar todos los pueblos de la cultura germánica bajo una misma autoridad;
- el *Liebensbraum* («espacio vital»). Alemania necesita espacio para extenderse y, por tanto, tiene que colonizar territorios al este de Europa;
- la superioridad racial. Los alemanes son descendientes

de los arios, un pueblo mítico que habría vivido en Europa hace varios milenios y que habría fundado la civilización más avanzada de la época. Debido a esta descendencia, los nazis consideran que los alemanes constituyen una raza distinta, genéticamente superior y destinada a dominar a las otras culturas (sobre todo a los pueblos del Este);

- la pureza racial. Para garantizar su supervivencia y preservar su herencia genética aria, la raza germánica tiene que deshacerse de todos los elementos parasitarios a través de una estricta segregación. Entre estos, Hitler apunta a los judíos, los comunistas, los gitanos, los homosexuales, los testigos de Jehová y los discapacitados. Si la segregación no es suficiente, propone eliminarlos;
- el *Führerprinzip* (literalmente, el «principio del jefe»). Para aplicar estas medidas sin excepción, la nación alemana debe ser gobernada por un solo hombre, que posea todos los poderes y que disfrute de una autoridad absoluta. Toda desobediencia a las órdenes del Führer es considerada traición.

EL ASCENSO AL PODER DEL TERCER REICH

Cuando Hitler se convierte en canciller el 30 de enero de 1933, su posición no es nada cómoda. Su gobierno de coalición solo cuenta, además de con él mismo, con dos ministros nazis, y muchos le predicen un rápido fin. Sin embargo, el Reichstag es destruido por sorpresa por un incendio el 27 de febrero. Con el pretexto de que se trata de un intento de golpe de Estado comunista, Hitler logra que Hindenburg le otorgue el poder de gobernar por decreto (sin control parlamentario) y de suspender las libertades individuales. Lo aprovecha para prohibir el Partido Comunista y para intimidar a los partidos menos conciliadores. El 23 de marzo, el Parlamento le otorga plenos poderes y, unos días más tarde, Hitler prohíbe los sindicatos y ordena la creación de una policía política, la Gestapo (Geheime Staatspolizei, «policía secreta del estado»). En julio, el NSDAP se convierte en el único partido autorizado. En septiembre, llega el momento de reprimir la prensa y las instituciones culturales.

¿QUIÉN INCENDIÓ EL REICHSTAG?

Esta cuestión sigue siendo objeto de debate hoy en día. En el momento de los hechos, los nazis acusan a los comunistas tras detener a uno de ellos, Marinus van der Lubbe (1909-1934), en el edificio. Enseguida lo relacionan con líderes comunistas húngaros presentes en el país, a los que detienen y juzgan. Pero la defensa no está bien atada y solo se condena a Marinus van der Lubbe. Con todo, el Reichstag es demasiado grande como para que solo un hombre se haya podido encargar de una operación de tal envergadura, por lo que existe otra teoría que incrimina directamente a los nazis. Muchos creen que algunos de ellos estuvieron relacionados en el asunto, especialmente porque existe un pasadizo subterráneo que une el Reichstag con el Palacio Ministerial de Prusia, ocupado en el momento de los hechos por Hermann Goering. Por desgracia, la mayor parte de las pruebas y de los testimonios desaparecieron durante el conflicto, por lo que el tema se ha quedado sin resolver.

El poder de Hitler está a punto de convertirse en absoluto, pero aún se interponen algunos obstáculos en su camino. El primero no es otro que el presidente Hindenburg, que constituye una amenaza en sí mismo ya que una simple orden suya podría hacer que el ejército interviniera contra el Gobierno. Pero este está gravemente enfermo y sus días están contados. El otro tiene que ver directamente con un organismo que el propio Hitler ha creado, las SA. Estas, profundamente descontentas, exigen que se lleve a cabo una verdadera revolución y hacen temer lo peor. Consciente de la importancia del ejército en el plano político, Hitler negocia con los jefes del ejército alemán y acepta liquidar a los nazis más indisciplinados si el ejército le deja suceder a Hindenburg sin pasar por elecciones. Llegan a un acuerdo y Hitler comienza la purga de su propio partido el 30 de junio de 1934: es la «Noche de los cuchillos largos», durante la que se elimina a Röhm y a sus partidarios, así como a los oponentes políticos más peligrosos. El 2 de agosto, Hindenburg fallece y Hitler se convierte a la vez en presidente y en líder del ejército. En ese momento, la república deja paso al Tercer Reich.

Desfile de las tropas SA ante Hitler en 1935.

A partir de entonces, Hitler vela por impedir cualquier sublevación potencial y para ello se vale de la represión y el adoctrinamiento. En este sentido, todos los servicios de seguridad del país, tanto los del Partido Nazi como los del Estado, se reagrupan progresivamente en el seno de un organismo específico, la Oficina Central de Seguridad del

Reich (el Reichssicherheitshauptamt, RSHA), dirigido por Heydrich y bajo la autoridad de Himmler. Su principal misión es perseguir a todos aquellos susceptibles de luchar contra el nuevo régimen. Para deshacerse de potenciales elementos desestabilizadores, los nazis crean campos de prisioneros, más conocidos como campos de concentración, en los que los enemigos del régimen son retenidos sin control judicial. El primer campo se abre en Dachau cuando Hitler llega al poder, y en los siguientes meses se crean muchos otros. Este sistema de concentración se encuentra bajo la autoridad de Himmler, que somete a cada campo a la vigilancia de las SS. Las condiciones de vida son terribles: los alojamientos son simples barracones de madera, la comida es más que insuficiente y la higiene no existe. Además, los detenidos tienen que trabajar durante todo el día y sufren constantemente la violencia de los vigilantes.

Por otra parte, todos los alemanes se ven sometidos desde edad temprana al adoctrinamiento nazi. Hitler prohíbe todas las organizaciones juveniles y crea una estructura bajo un único mando, las Juventudes Hitlerianas, a la que todos los niños deben sumarse. El objetivo es crear ciudadanos-soldados perfectos gracias a clases de ideología nazi y al ejercicio físico. Además, también les inculcan la lealtad al Führer, la superioridad de la raza alemana y el odio a todos sus supuestos enemigos.

Hitler posando con dos niños.

LA EXPANSIÓN TERRITORIAL DE ALEMANIA

Tras consolidar su posición a nivel nacional, Hitler puede comenzar a actuar en el plano internacional para borrar las consecuencias del Tratado de Versalles. Empieza por anunciar públicamente el rearme alemán, algo que viola por completo las cláusulas del Tratado.

En enero de 1935, Alemania vuelve a anexionarse el Sarre (una región alemana fronteriza con Francia y que fue separada de Alemania tras el Tratado de Versalles) gracias a un plebiscito a su favor. En marzo de 1936, manda al ejército reocupar la zona desmilitarizada de Renania (otra región alemana fronteriza con Francia y en la que tiene prohibido ubicar tropas). Dos años más tarde, Alemania se anexiona Austria (el Anschluss). En noviembre de ese mismo año, Francia y Gran Bretaña permiten que se anexione la región germanófona de los Sudetes, que pertenece a Checoslovaquia. En marzo de 1939, acaba con lo que queda de Checoslovaquia: la región checa es anexionada a Alemania y Eslovaquia se convierte en un Estado satélite. Alemania también recupera el territorio de Memel, en Lituania.

EL ANSCHLUSS Y LOS INTENTOS DE CONCILIACIÓN

Tanto el gobierno de Francia como el de Gran Bretaña quieren evitar a toda costa una nueva guerra contra Alemania. Por ello, se muestran conciliadores con las acciones de Hitler y se contentan con expresar quejas verbalmente.

En 1937, Neville Chamberlain (1869-1940) se convierte en primer ministro de Gran Bretaña y aboga por una política de apaciguamiento hacia el Reich. En esta época, Hitler reclama los Sudetes, una región germanófona situada en Checoslovaquia, mientras que el gobierno checoslovaco, aliado de Francia y de Gran Bretaña, rechaza categóricamente su cesión. Las tensiones crecen y parece que la guerra se acerca. Chamberlein y su homólogo francés, Édouard Daladier (1884-1970), son conscientes de ello y saben que sus ejércitos no están preparados para participar en una nueva guerra, por lo que deciden negociar con Hitler la cesión de los Sudetes a cambio de que les garantice que dejará de querer ampliar Alemania por reivindicaciones territoriales. El Führer acepta y los acuerdos se firman en Múnich el 29 y 30 de septiembre de 1938 sin la participación del gobierno checoslovaco. Chamberlain y Daladier están convencidos de que han logrado salvaguardar la paz por mucho tiempo, pero nada más lejos de la realidad: Hitler sigue anexionándose territorios vecinos mediante brutales presiones. Tanto en Londres como en París son conscientes de que solo podrán frenarle recurriendo a la fuerza.

LA ÉPOCA DE LAS CONQUISTAS

La inacción de las potencias aliadas convence a Hitler de que puede atacar Polonia sin correr ningún riesgo. Por tanto, durante el verano de 1939, presiona al país para obtener un corredor que le permita pasar de Alemania a Prusia oriental. Polonia, que acaba de aliarse con Francia y con Gran Bretaña, se niega firmemente. Mientras tanto, las dos potencias occidentales inician negociaciones con la URSS para obtener su apoyo militar en caso de agresión por parte de Alemania. Pero los polacos desconfían de los rusos, algo que también le ocurre a los ingleses, y las conversaciones se eternizan. Entonces, Stalin inicia en secreto unas negociaciones con los líderes alemanes, y descubren que tienen intereses comunes: todos quieren recuperar territorios polacos y, por el momento, ninguno se siente preparado para enfrentarse al otro. Esto desemboca en un tratado de no agresión mantenido en secreto y que dura cinco años. El tratado contempla que ambos establezcan una esfera de influencia en Europa oriental, así como el reparto de Polonia.

Apoyado por las negociaciones cerradas con la URSS y convencido de que esta vez los Aliados también se abstendrán de intervenir, el 1 de septiembre de 1939, Hitler lanza a su ejército a la conquista de Polonia. Pero esta vez los Aliados no retroceden y envían un ultimátum a Berlín: o Hitler retira sus tropas de Polonia, o Francia y Gran Bretaña intervienen en el conflicto. Convencido de que se trata de un farol, Hitler continúa con su ofensiva. Entonces, el día 3 de septiembre, los gobiernos de Francia y de Gran Bretaña le transmiten su declaración de guerra: la Segunda Guerra Mundial acaba de empezar.

La invasión de Polonia en septiembre de1939.

Los ejércitos aliados no están listos para el combate, por lo que Hitler, con toda tranquilidad, puede tomar las riendas del destino de Polonia, que ha sido aislada en algunas semanas. Entonces empieza la llamada «drôle de guerre» («guerra de broma») en la que, a ambos lados de la frontera franco-alemana, los dos bandos despliegan a sus tropas sin iniciar ninguna ofensiva importante. Durante este tiempo, Hitler intenta convencer a sus adversarios para que terminen con las hostilidades, pero sin ningún resultado. Tiene que rendirse a la evidencia: para lograr la paz habrá que vencerlos militarmente.

El Eje

Consciente de que tendrá que iniciar hostilidades contra los vencedores de la última guerra, Hitler necesita aliados. El país más cercano ideológicamente es la Italia fascista. Lleva intentando acercarse a ella desde

1934, pero Mussolini no le tiene en gran estima. Le considera un imitador extremista y no comulga con los aspectos raciales y antisemitas de su doctrina política. Para el Duce, es preferible mantener buenas relaciones con Francia y con Inglaterra y luchar contra el expansionismo alemán. Pero en 1936, cuando Italia inicia la conquista de Etiopía, ni los franceses ni los británicos aceptan esta anexión y deciden, a través de la Sociedad de Naciones (SDN), interponer sanciones económicas contra la misma. Mussolini solo tiene un país al que acudir: la Alemania hitleriana. El 1 de noviembre de 1936, los dos dictadores proclaman el Eje Roma-Berlín, que establece un acuerdo de cooperación, reforzado el 22 de mayo de 1939 por el Pacto de Hierro, que instaura una asistencia militar entre los dos países. El 27 de septiembre de 1940, Japón se une al Eje, que se convierte en un pacto tripartito.

En abril de 1940, los Aliados se preparan para intervenir en Noruega con el fin de privar a Alemania de suministros de hierro sueco, un material indispensable en el esfuerzo de guerra. Consciente del peligro, Hitler se anticipa e invade Dinamarca y Noruega. Los combates son difíciles y las pérdidas muy elevadas en los dos bandos, pero los Aliados acaban retirándose. En mayo, Hitler decide atacar Francia. Como ocurrió en 1914, los ejércitos alemanes pasan por Bélgica e invaden al mismo tiempo los Países Bajos y Luxemburgo. Queriendo jugar con el factor sorpresa, las divisiones blindadas se abren camino a través de la región de las Ardenas, que, sin embargo, era considerada infranqueable para este tipo de unidades. El éxito es absoluto: en algunos días, los ejércitos aliados son atrapados. El 20 de mayo, el gobierno francés, dirigido por el mariscal Pétain, pide un armisticio para evitar la invasión completa de Francia. El armisticio se firma el 20 de mayo. Hitler está exultante. En apenas dos meses, sus tropas han conquistado cinco países y han sometido a una de las grandes potencias mundiales.

Además, está convencido de que el Imperio británico no tardará en pedir la paz ahora que se encuentra solo frente al Eje. Pero desde el mes de mayo, el gobierno británico está dirigido por Winston Churchill (1874-1965), un anti-nazi convencido. Cuando Hitler intenta razonar con los dirigentes ingleses, Churchill se muestra intransigente, lo que empuja al Führer a ordenar una ofensiva aérea masiva sobre Inglaterra para hacer que se doblegue: es la batalla de Inglaterra (agosto-octubre 1940). La aviación británica se encuentra en inferioridad numérica, pero logra la victoria.

Por último, tras la derrota francesa, Hitler piensa en eliminar a quien considera ser el enemigo natural de Alemania: la Rusia soviética. Por una parte, porque no confía en el acuerdo firmado con Stalin y, por otra parte, porque la URSS rebosa de materias primas de las que la industria alemana carece. Pero antes de arreglar cuentas con el comunismo tiene que ayudar a Italia, a la que le cuesta imponerse en Egipto y en Grecia. En marzo de 1941 envía tropas para apoyar a los italianos en Libia y conquistar Grecia, así como Yugoslavia, que se había unido a los británicos. Ahora que el flanco sur está protegido, Hitler puede ocuparse de la invasión de la URSS. La ofensiva se inicia el 22 de junio de 1941 y se encuentra con resultados inesperados. A lo largo de los siguientes meses, la Wehrmacht captura millones de prisioneros y acaba llegando a las puertas de Moscú. Pero llega el invierno, que se anuncia muy duro. No obstante, Hitler creía que Rusia no aguantaría más allá del otoño y, por ello, no había previsto ningún tipo de equipamiento de invierno para sus soldados. Las divisiones alemanas se encuentran enseguida paralizadas por el frío, y les cuesta luchar contra los ataques soviéticos. Sufren grandes pérdidas, pero las tropas logran mantenerse en sus posiciones.

LA DESTRUCCIÓN DE UN PUEBLO

Al mismo tiempo, Hitler lleva a cabo otra lucha. Desde hace mucho, planea librar a Alemania y a Europa de judíos. La primera etapa de su plan consiste en separarlos por ley del resto de la población. A partir de abril de 1933, los judíos dejan de ser admitidos en funciones públicas. Dos años más tarde se proclaman las leyes raciales de Núremberg, que les privan de su nacionalidad, les obligan a llevar un signo distintivo (la estrella de David) y les impiden casarse con alemanes. A continuación, las autoridades nazis intentan incitarlos a que abandonen el país. Así, los judíos son deportados a campos, sus bienes son confiscados y la violencia en su contra es cada vez más frecuente. Así y todo, muchos se quedan en el país.

Cuando Hitler ordena la invasión de la URSS, ya planea exterminar a los judíos. Se crean grupos especiales, los Einzatsgruppen («grupos de intervención»), cuya misión es fusilar a todos los judíos posibles en los territorios conquistados en el Este. En algunos meses son ejecutadas cientos de miles de personas (quizás más de un millón). Pero el método es considerado poco eficaz. Por ello, se programa una reunión en enero de 1942 en Berlín para encontrar una solución final al problema judío. Las conversaciones desembocan en la organización del exterminio de todos los judíos que se encuentren en territorios ocupados por Alemania. Serán detenidos y deportados a campos ubicados en Polonia. Una vez allí, los más débiles serán directamente asesinados en cámaras de gas, mientras que los demás deberán trabajar hasta la muerte. El sistema se implementa en los meses sucesivos. Varios millones de judíos, así como gitanos, son deportados y ejecutados a lo largo de la guerra hasta 1945, año en el que se produce la liberación de los campos de concentración.

EN LA FURIA DE LA GUERRA

El año 1942 parece decisivo para el futuro del Reich. Hitler está decidido a vencer a la URSS antes de que sea demasiado tarde, por lo que en verano lanza una nueva gran ofensiva en el Cáucaso y en Stalingrado. Cuando todo parece ir sobre ruedas y las divisiones alemanas están a punto de conquistar Stalingrado, así como los pozos petrolíferos, las tropas soviéticas logran recomponerse y aniquilan al ejército alemán.

En África, los ingleses frenan y después derrotan a Erwin Rommel (mariscal alemán, 1891-1944) en El Alamein, mientras que los americanos desembarcan en Marruecos y en Argelia. Aunque al principio Hitler ordena resistir en todos los frentes, finalmente se rinde a la evidencia y deja que los soldados se retiren de las posiciones que sean demasiado peligrosas. Abandonan el Cáucaso y el Afrikakorps (nombre de los ejércitos alemanes enviados a África) se atrinchera en Túnez.

En mayo de 1943, los Aliados liberan toda África, conquistan Sicilia y desembarcan en Italia, donde Mussolini es detenido. En Rusia, Hitler intenta una última ofensiva durante el verano en los alrededores de la ciudad de Kursk, pero esta se salda con un nuevo fracaso.

En 1944, la aviación aliada logra hacerse con el dominio aéreo y los soldados alemanes retroceden en todos los frentes. En junio, los Aliados desembarcan en Normandía (operación Overlord) y liberan poco a poco a Europa. A finales de año, llegan a las puertas de Berlín. Hitler, decidido a no rendirse, se encierra en su búnker, donde acabará quitándose la vida el 30 de abril de 1945.

REPERCUSIONES

Tanto en el plano nacional como en el internacional, el nazismo y la guerra que desencadena dejan una huella indeleble en la historia.

Para Alemania, el período de postguerra supone casi su desaparición. El país no solo está arruinado, como toda Europa, sino que además está dividido en zonas de ocupación por los vencedores (Estados Unidos, Reino Unido, la URSS y Francia), lo que le priva de un gobierno. Sus territorios situados más al este también le son retirados a favor de Polonia.

Además, los ocupantes ponen en marcha una política de desnazificación que pretende juzgar a todos los colaboradores del régimen nazi y alejarlos de cualquier función pública en caso de que las instituciones alemanas volvieran a fundarse. Pero debido al rápido deterioro de las relaciones entre los Aliados occidentales y los soviéticos, ambos bandos ponen fin a esta política para recuperar a los antiguos nazis más útiles para sus intereses, e instalan en sus respectivas zonas de ocupación un nuevo gobierno alemán: la República Federal en el oeste y la República Democrática en el este. Habría que esperar hasta 1990 para que Alemania fuese reunificada.

A nivel internacional, podemos señalar varios hechos importantes:

- el establecimiento de una justicia internacional concretada en los juicios de Núremberg (20 de noviembre

de 1945-1 de octubre de 1946) entablados contra los principales líderes nazis aún con vida por crímenes recién definidos: crímenes contra la humanidad y genocidio;
- la creación de una nueva estructura cuyo objetivo es garantizar la paz entre las naciones, la Organización de las Naciones Unidas (ONU). Puesto que la SDN se ha mostrado incapaz de evitar los conflictos, se decide reemplazarla por una organización dotada de más capacidades;
- el fin definitivo de la preponderancia de las potencias europeas a favor de dos superpotencias, los Estados Unidos y la URSS. El mundo se encuentra enseguida dividido en dos bloques antagonistas que se enfrentan en la llamada Guerra Fría;
- la aceptación por parte de la comunidad internacional de la creación de Israel. Ante el intento de los nazis de exterminar totalmente a los pueblos de confesión judía, se llega a la conclusión de que la única manera de evitar las persecuciones es crear un Estado que les pueda acoger.

EN RESUMEN

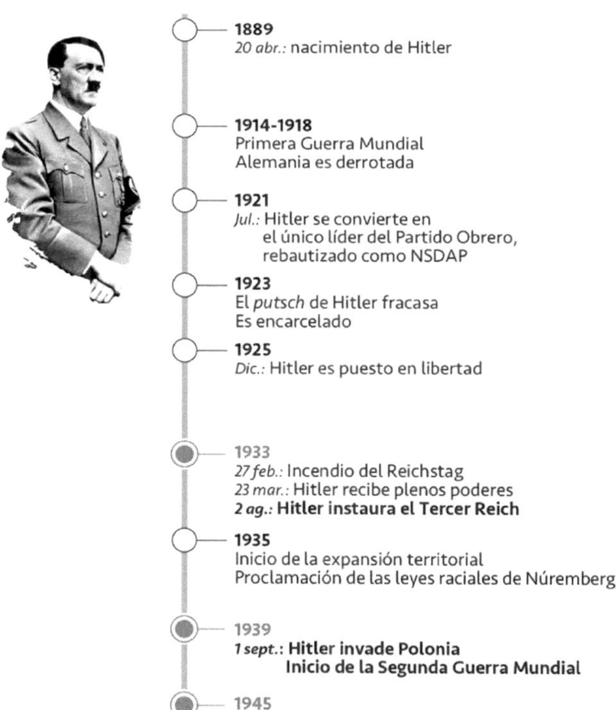

- Adolf Hitler, artista fracasado, antiguo indigente y superviviente de las trincheras, integra en 1919 un grupúsculo nacionalista que enseguida lidera. En algunos años lo convierte en una de las formaciones políticas más importantes de Alemania. Desarrolla una ideología basada en la supremacía racial alemana y en la eliminación de todo elemento no deseable, especialmente de los judíos. Su objetivo es hacerse con el poder para borrar la humillación del Tratado de Versalles e instaurar un gobierno totalitario.

- En 1933 logra sus objetivos. Aplica rápidamente su programa y se convierte en líder incontestable del país, ayudándose de un eficaz aparato de represión. Cuando ha consolidado su poder, recupera poco a poco los territorios germánicos perdidos en 1919. Asimismo, establece una alianza militar con Japón e Italia.

- En 1939, Hitler ataca Polonia y desencadena la Segunda Guerra Mundial. Los primeros años del conflicto le son favorables: vence a Francia, ocupa Europa y deja a la URSS al borde del colapso.

- Sin embargo, a partir de 1942 la situación da un vuelco. La presencia americana se siente cada vez más y los soviéticos se recuperan. En mayo de 1945, Alemania es derrotada y Hitler se suicida en su búnker en Berlín.

- A pesar de estas derrotas militares, el régimen hitleriano tuvo tiempo para emprender la política de limpieza étnica más importante que jamás ha conocido Europa.

PARA IR MÁS ALLÁ

FUENTES BIBLIOGRÁFICAS

- Bernard, Nicolas. 2010. "Hitler, un stratège incompétent?". En *Ligne de Front. Guerres mondiales. Histoire des conflits du XXe siècle*, n.° 28, 16-35. Aix-en-Provence: Caraktère.
- Broszat, Martin. 2012. *L'État hitlérien. L'origine et l'évolution des structures du Troisième Reich*. París: Pluriel.
- Hughes, Matthew y Chris Mann. 2005. *L'histoire du IIIe Reich*. Chantecler: Bélgica.
- Kersaudy, François. 2011. "Qui était-il? Hitler sans masque". En *Histoire de la dernière guerre. 1939-45, au jour le jour*, n.° 14. Aix-en-Provence: Caraktère.
- Laurent, Boris. 2008. "Les derniers jours d'Hitler". En *Axe et Alliés. 1939-1945, un monde en guerre*, n.° 9, 38-67. Éguilles: Éditions du Paldin.
- Richardot, Philippe. 2007. "Hitler chef de guerre". En *Axe et Alliés. 1939-1945, un monde en guerre*, n.° 4, 36-63. Éguilles: Éditions du Paldin.
- Rosenbaum, Ron. 1998. *Pourquoi Hitler? Enquête sur l'origine du mal*. París: JC Lattès.
- Sandoz, Gérard. 1980. *Ces Allemands qui ont défié Hitler. Histoire de la résistance allemande*. París: Pygmalion/ Gérard Watelet.
- Shirer, William. 1967. *Le IIIe Reich*. París: Stock.
- Toland, John. 1978. *Adolf Hitler*. París: Pygmalion/Gérard Watelet.

FUENTES ICONOGRÁFICAS

- Retrato de Adolf Hitler de 1933. © Bundesarchiv.
- Fotografía de Hitler y otros soldados alemanes durante la Primera Guerra Mundial. La imagen reproducida está libre de derechos.
- Reunión del NSDAP en la que participó Hitler en 1930. © Bundesarchiv.
- Las tropas alemanas regresan a Berlín. © Archivos federales alemanes.
- Tropas de las SA desfilando ante Hitler en 1932. © Bundesarchiv.
- Desfile de las tropas SA ante Hitler en 1935. La imagen reproducida está libre de derechos.
- Hitler posando con dos niños. © Charles Overstreet.
- La invasión de Polonia en septiembre de1939. © Press Agency Photographer.

¡APRENDER NUNCA ANTES FUE TAN RÁPIDO!

www.en50minutos.es